aute des fêtes lyriques 100.

ANACRÉON,

BALLET HEROIQUE.

Représenté devant le Roi à Fontainebleau, le Octobre 1754.

Nec si quid olim lusit Anacréon,
Delevit ætas. *Hor. Od.* 8. *Liv.* 4.

DE L'IMPRIMERIE

DE BALLARD, seul Imprimeur du Roi pour la Musique, & Noteur de la Chapelle de Sa Majesté, rue Saint-Jean-de-Beauvais, à Sainte Cécile.

Par exprès Commandement de Sa Majesté.

Les Paroles sont du Sr de CAHUSAC, de l'Académie Royale des Sciences & Belles-Lettres de Prusse.

La Musique du Sr. RAMEAU.

Les Ballets de la Composition du Sr. LAVAL, Maître des Ballets du Roi.

CHŒURS CHANTANS.

CÔTÉ DU ROI.	CÔTÉ DE LA REINE.
Les Demoiſelles.	*Les Demoiſelles.*
Canavas.	Godonêche.
Baurans.	Travaux.
D'Egremont L.	Cheſvremont.
Bertrand.	D'Egremont C.
Les Sieurs.	*Les Sieurs.*
Camus.	Chabalante.
Ayutò.	Joguet.
Benoît.	Guerin.
Boſquillon.	Abraham.
Godonêche.	Du Cros.
Gros.	Richer P.
Bêche.	D'Egremont.
Le Begue.	Tavernier.
Bazire.	Charles.
Doublet.	

ACTEURS CHANTANS.

ANACRÉON, Le Sr. DE CHASSÉ.
BATYLE, Le Sr. JELIOTE.
CLHOÉ, La Dlle. FEL.
JEUNES THÉONIENS,

PERSONNAGES DANSANS.

PREMIER DIVERTISSEMENT.

JEUNESSE DE THÉOS.

Le Sr. Laval. La Dlle. Lany.

Les Srs. Le Liévre, Vestris C. Dubois, Feuillade, l'Epy, Beat.

Les Dlles. Marquise, Chevrier, Humblot, Coupé, Riquet, Dumiray.

La Dlle. Puvigné. La Dlle. Vestris.

SECOND DIVERTISSEMENT.

UNE BACHANTE. UN ÉPIGAN.

La Dlle. Lyonnois. Le Sr. Lyonnois.

UNE THÉONIENNE *Representant Érigone.* UN THÉONIEN. *Représentant Bacchus.*

La Dlle. Vestris. Le Sr. Vestris.

SILENE ET DEUX MENADES.

Le Sr. Lany. Les Dlles. Puvigné, & Lany.

La Scene est à Théos dans les Jardins d'Anacreon.

ANACRÉON,

BALLET HEROIQUE.

Le Théâtre représente les Jardins D'ANACRÉON, préparés pour une Fête.

SCENE PREMIERE.

ANACRÉON.

MYRTHES fleuris, naissant feuillage,
Où Flore & les Amours ont fixé les Zéphirs :
Berceaux charmans, que votre ombrage
Me promet encor de plaisirs !

Deux cœurs, que j'ai formés, qu'un doux penchant engage,
Pensent qu'Anacréon ignore leur soûpirs.
D'ici je vois leur trouble, & j'entens leur langage.

J'allarme tour à tour, & flatte leurs désirs :
J'aime à jouir de mon ouvrage,
Et cet innocent badinage,
De l'hiver de mes ans embellit les loisirs.

Myrthes fleuris, naissant feuillage,
Où Flore & les Amours ont fixé les Zéphirs :
Berceaux charmans, que votre ombrage
Me promet encor de plaisirs !

SCENE II.

CLHOÉ, portant à la main des Tablettes ouvertes, *ANACRÉON*.

CLHOÉ.

VOUS nous cachés l'objet de la Fête galante,
Dont vous annoncés les aprêts ?

ANACRÉON.

Clhoé vous la rendrez charmante.
Aux accens de Batyle, à votre voix brillante,
Que mes vers vont devoir d'attraits !

CHLOE'.

Le sentiment se peint dans ceux que je dois dire ;
Eh ! quels charmes encor pourrois-je leur prêter !

ANACRÉON.

C'est l'Amour, qui me les inspire ;
C'est aux Graces à les chanter.

Les Muses & les Graces
Formoient, en folâtrant un jour,
Des chaînes de fleurs pour l'Amour,
Qui voloit sur leurs traces.

» *Gardés pour vous unir des liens aussi doux,*
» *Dit l'Amour avec un sourire ;*
» *Je ne dois qu'à vous mon Empire :*
» *Ne vous quittez jamais : je m'enchaîne avec vous.*

CLHOÉ.

Que cette chaîne seroit belle !

ANACRÉON.

Clhoé, pour en former les nœuds
L'Amour vous a choisie, & l'Hymen vous appelle.

CLHOÉ.

Je ne me flate point d'un choix si glorieux.

ANACRÉON.

Mon cœur vous le promet & vous devés l'attendre.

Les Talens, l'Esprit, la Beauté,
Vous avés tout, sans rien prétendre.
Les Graces ont moins de gâité,
Et je vous connois un cœur tendre.

CHLOÉ à part.

Dieux! que veut-il me faire entendre!...
Hélas!...

ANACRÉON.

Pourquoi ces timides soûpirs?

Bas.

Que ce trouble charmant m'amuse, & m'intéresse!

Haut.

Envain le poids des ans me presse,
Mon cœur n'est jamais sans désirs.
Au charme de vos yeux, au feu de ma tendresse
Je dois ma vie & mes plaisirs.
C'est Hébé, sous vos traits, qui me rend la jeunesse.

CLHOÉ.

Seigneur...

ANACRÉON.

Vous rougissés. Ce modeste embarras
Vous donne une fraîcheur nouvelle.

Je

Je ne vous vis jamais si belle.
Ah ! Qu'à cet âge on a d'appas !

Mais je me dois aux soins de l'Hymen que j'apprête.

CLHOÉ dans le plus grand trouble.

Qu'entens-je ! Quel Hymen ?...

ANACRÉON.

Je vais presser la Fête.

Auprès de cent Beautés, que j'aimai tour à tour,
L'Amour a rempli mon attente ;
Mais ce jour est mon plus beau jour.
Clhoé, j'y veux former une chaîne constante,
Qui de tous ses bienfaits m'aquitte envers l'Amour.

Il sort.

CLHOÉ.

O Ciel !

SCENE III.

BATYLE les yeux attachés ſur des Tablettes ; *CLHOÉ*.

BATYLE ſans voir CLHOÉ.

QUE j'aime à les apprendre,
Et que le chant en eſt heureux !

Appercevant CLHOÉ & courant à Elle.

Ah ! ma Clhoé daignés entendre
Ce que je chante dans nos jeux.

Il continue en liſant dans ſes Tablettes.

» *Des Zéphirs, que Flore rappelle,*
» *Je voulois chanter le retour.*
» *Je vis Clhoé... Qu'elle étoit belle !*
» *Je ne pus chanter que l'Amour.*

» *Je lui conſacrai dès ce jour*
» *Tous mes vœux, mes vers, & ma Lyre.*
» *C'eſt pour Clhoé que je reſpire.*
» *Je ne chante qu'elle & l'Amour.*

Dieux ! Vous pleurés !...

CLHOÉ.

Hélas! cette Fête, ces Jeux
Sont des chaînes qu'on me prépare.
D'Anacréon enfin l'Amour fixe les vœux.
C'en eſt fait. Pour jamais, Batyle, on nous ſépare.

BATYLE.

Qu'entens-je!..Anacréon?..Dieux!.. Quelle cruauté!..
A ce coup devois-je m'attendre?
Ses bienfaits me charmoient: mon cœur étoit flaté
Que votre main put en dépendre.

CLHOÉ.

Je le cheris encor, je ne puis m'en deffendre,
Quoique ſa flâme ait éclaté.
Que je l'aurois aimé, s'il eut été moins tendre!

BATYLE.

Quoi c'eſt Anacréon qui fait des malheureux!...
Non, non, il ne ſait point les nœuds qui nous uniſſent.
A ſes piés, ma Clhoé, courons mourir tous deux,
Ou que nos larmes le fléchiſſent.

CLHOÉ.

Il n'eſt plus tems: les Jeux ſont prets.
L'eſpoir ſeul du plaiſir le décide & l'enchante.

Jugés de ses transports secrets
Par les vers qu'il veut que je chante.

Elle continue en lisant dans ses Tablettes,

» *Mille fleurs parfument les airs :*
» *Le Zéphir vole, & les caresse.*
» *Heureux oiseaux jamais vos ramages divers*
» *N'ont exprimé tant de tendresse....*

» *L'Amour caché dans ces beaux lieux*
» *A-t-il pris soin de leur parure ?*
» *Non. Il est dans mon cœur, & sa flâme à mes yeux*
» *Embellit toute la Nature.*

BATYLE.

Dieux ! ces chants ne sont pas pour moi ;
Et je me plais à les entendre !

CLHOÉ.

Batyle en te voyant j'oubliois mon effroi.
Hélas ! mon cœur croyoit t'apprendre
L'amour dont il brûle pour toi.

SCENE IV.

ANACRÉON, BATYLE, CLHOÉ, CHŒURS.

Toute la Jeunesse de Théos environne ANACRÉON.

CHŒUR.

REGNÉS, *remplissés nos momens,*
Jeux charmans,
Leger badinage.

ANACRÉON.

Mettre à profit tous les instans,
Est l'unique soin du vrai Sage.
Il naît des fleurs dans tous les tems;
Il est des plaisirs à tout âge.

CHŒUR.

Regnés, remplissés nos momens,
Jeux charmans,
Leger badinage.

ANACRÉON est au milieu du Théâtre. La Jeunesse de Théos le pare de fleurs & le couronne de Roses nouvelles.

BATYLE & CLHOÉ ſe placent avec timidité à l'un des deux côtés du Théâtre.

ANACRÉON.

Des caprices du ſort je crains peu les retours;
Je jouis du préſent, j'en connois l'avantage.
Je retrouve au déclin de l'âge
Les Jeux rians de mes beaux jours.

Livrons aux doux plaiſirs chaque inſtant qui nous reſte,
Et Courons au terme funeſte,
En jouant avec les Amours.

Le Ballet continue.

ANACRÉON joue pendant le Ballet avec les jeunes THÉONIENNES qui danſent.

ANACRÉON.

C'eſt lorſque vous chantés que le plaiſir commence,
Clhoé, faites briller vos aimables accens.

CLHOÉ, bas à BATYLE.

Un froid mortel glace mes ſens.

ANACRÉON.

Batyle d'où naît ſon ſilence?

BATYLE bas à CLHOÉ.

Je tremble.

ANACRÉON.

Mes regards ſemblent vous allarmer ! . .
Ah ! parlés, c'eſt trop vous contraindre.
Eſt-ce moi que vous devés craindre?
Je ne veux que me faire aimer.

Jupiter au plus haut des Cieux
Jouiſſoit de l'éclat de la grandeur ſuprême;
Mais la crainte à ſes piés enchainoit tous les Dieux,
Fatigué d'un rang glorieux,
Il vint, pour ſon bonheur, ſur la terre où l'on aime.

CLHOÉ.

Un ſecret déplaiſir nous agite tous deux . . . .
Batyle doit vous en inſtruire.

BATYLE.

Clhoé ſait embellir tout ce qu'elle veut dire . . . .
Elle vous l'expliquera mieux.

ANACRÉON.

Non, non, chers enfans, dans vos yeux
C'eſt à ma tendreſſe à le lire.
J'ai voulu quelque tems jouir de vos ſoupirs.
Rendre heureux ce qu'on aime eſt l'amour de mon âge.
Qu'à former vos deux cœurs j'ai gouté de plaiſirs !
Mais c'eſt en comblant vos deſirs
Que je couronne mon ouvrage.*

*ANACRÉON unit BATYLE & CLHOÉ.

CLHOÉ.

Non rien ne manque à mon bonheur:
La main qui nous unit le rend plus doux encore.

BATYLE.

Ah! jouissés tous deux des transports de mon cœur,

À ANACRÉON & dans ses bras. — En se précipitant vers CLHOÉ.

Que je vous aime! Je l'adore.

Volés, volés plaisirs, regnés dans ce séjour.
Autour d'Anacréon que tout aime & tout chante.

Offrons lui de Bachus une image riante,
Il suffit de Clhoé pour lui peindre l'Amour.

Le fonds du Théâtre s'ouvre. On voit une suite des mêmes Jardins qu'ANACRÉON a fait préparer pour cette Fête. Des Guirlandes de fleurs ornent les Berceaux & les Plafonds. Sur une premiere Terrasse, une Troupe de Jeunes Théoniens forme des Danses, dont le caractere répond à celui de la Fête qu'on célébre sur le Théâtre. Cette Fête est une représentation galante de celles que les Grecs, dans leurs jours de plaisir, avoient imaginé, en l'honneur du Dieu de la Gaité.

Un Egipan & une Bachante sont à la tête d'une Troupe legere & bruyante d'Egipans & de Menades qui precedent Bachus & Erigone.

BATYLE.

BATYLE à CHLOÉ.

L'Amour ſous des traits de flâme,
Se peint dans vos regards charmans.
J'y vais lire à tous momens
Les tendres ſecrets de votre âme.

Ah que de tranſports raviſſans!
Qu'il eſt doux d'aimer & de plaire!
Je jouis à la fois des plaiſirs que je ſens,
Et de mille autres que j'eſpere.

Silene & deux Menades paroiſſent & continuent le Ballet.

CLHOÉ à BATYLE.

L'Amour riant, & ſans bandeau,
Autour de nous vole ſans ceſſe:
Une de ſes mains nous careſſe;
L'autre pour l'enflâmer agite ſon flambeau.

Notre bonheur, qui l'intéreſſe,
Semble le rendre encore plus beau.
Cher Amant, que notre tendreſſe
Soit pour lui tous les jours un triomphe nouveau.

L'Amour riant, & ſans bandeau,
Autour de nous vole ſans ceſſe.
Une de ſes mains nous careſſe;
L'autre, pour l'enflâmer agite ſon flambeau.

Le Ballet continue.

ANACRÉON, BATYLE, CLHOÉ, CHŒUR.

Chantons Bachus, chantons ſa gloire.
Chantons l'Amour & ſes bienfaits.
Qu'ils triomphent à jamais
Sur le même Char de victoire.

Un Ballet général termine la Fête.

www.ingramcontent.com/pod-product-compliance
Lightning Source LLC
LaVergne TN
LVHW020501230826
846091LV00008BA/3313

* 9 7 8 2 3 2 9 4 6 9 8 9 8 *